FACULTÉ DE DROIT DE PARIS.

THÈSE
POUR LA LICENCE.

L'ACTE PUBLIC SUR LES MATIÈRES CI-APRÈS SERA SOUTENU

le mercredi 25 mai 1842, à neuf heures,

Par Louis-Philippe R. **DE CORBEAU DE SAINT-ALBIN**, né à Paris.

Président : M. ORTOLAN, Professeur,

Suffragants :
- MM. BLONDEAU..............
- ROYER-COLLARD....... } Professeurs.
- PERREYVE...............
- DELZERS............... Suppléant.

Le candidat répondra en outre aux questions qui lui seront faites sur les autres matières de l'enseignement.

PARIS.
IMPRIMERIE DE M.me V.e DONDEY-DUPRÉ,
RUE SAINT-LOUIS, 46, AU MARAIS.

1842

AVI MEMORIÆ SACRÆ!

PATRI PRÆSIDIO MEO,

MATRI, FRATRI, SORORI, AVUNCULIS, MATERTERIS,

CARIS AMICIS.

Louis-Philippe R. C. DE SAINT-ALBIN.

JUS ROMANUM.

De magistratibus conveniendis. Dig. livre 27, titre 8.

Si administratione finitâ, tutores vel fidejussores non fuerint solvendo, actio indemnitatis gratiâ, competit pupillo adversus magistratus municipales nominatores eorum. Hi magistratus, huic actioni obnoxii sunt, non solum quando tutori nomen malum, sed etiam quum fidejussorem non idoneum acceperunt. In hoc judicio onus probandi electionem rectam incumbit magistratibus.

Illis imputatur si moniti, omninó tutorem vel curatorem non nominavêre, vel tutorem non idoneum præsidi provinciæ suaderunt.

Non tantum pupillis, sed etiam successoribus subsidiaria hæc actio datur; non tutori qui pro contutore condemnatus est. Conceditur contra magistratus municipales seu duumviros, seu eorum heredes, sed solum modo cum dolo proxima sit culpa defuncti; non contra ordinem decurionum nisi ordo in se periculum receperit.

Hâc actione duumviri quique in solidum tenentur. Conventiones aliæ de periculo nominationis non impedirint. Si vero ambo solvendo sint, ex Gordiani rescripto beneficium divisionis habent dùm nullum pupillo præjudicium affert.

Hæc actio est subsidiaria; enim magistratus tenetur in subsidium demum tutorum et heredum eorum et fidejussorum. Minus potens est quam actio tutelæ, nam non privilegium, sed jus veniendi cum aliis creditoribus dat.

De tutelæ et rationibus distrahendis, et utili curationis causâ actione.
Dig. livre 27, titre 3.

Actio, vel directa tutelæ, vel judicium aut arbitrium tutelæ appellata, non solum pupillo adversus tutorem, sed etiam in heredes tutoris, et heredibus pupilli in tutorem competebat. Et quidem pater, cujus voluntate filius tutor factus est, tenetur ex gestione filii, pro tempore quo in potestate illum habebat. Filius contra variè tenebatur pro gestis negotiis tutelæ dùm in potestate fuit, et pro eo quod gessit postquam solutus est. Nisi finita tutela sit, tutelæ agi non potest.

Tutor debet rationes administrationis suæ conficere et reddere pupillo. Si non fecit, aut factas non ostendit, in judicium vocatus est. In judicio tutor rationem reddere gestorum, se purgare de dolo, culpâ, vel negligentiâ contrahitur. Impensas gestas pupillo repetere fas erit, et pecuniam, cujus rationibus redditis reliquator est, simul solvere debet.

Quum plures fuerunt tutores, tres casus distinguendi sunt cognoscendo pro quâ parte quemque eorum conveniendum esse.

1° Si tutelæ administratio inter illos divisa non fuit, pupillo licebit unum eorum convenire.

2° Si fuit contra divisa à testatore, aut judice, de suis gestis tantum quisque, tenetur, nisi jura pupilli non removendo tutorem suspectum prodidissent.

3° Vel privata fuit duntaxat eorum conventione principio indivisè commissa gestio, adolescens unum persequi potest, et totum exigere; et unus in judicio non liberat alteros.

Tutori vero extra suam partem stricto jure convento, variis exceptionibus succurri solet, quorum 1° : exceptio *divisionis* si omnes gesserunt tutelam et solvendo sint; 2° : *ordinis* si unus gesserit tutelam et alter conventus sit; 3° : *cedendarum actionum* ut tutor in solidum conventus, postquam pupillo satisfecerit, habeat beneficium cedatarum actionum ejus adversa collegas.

Privilegium personale et proprium habet pupillus in bonis tutoris pro eo quod ipsi ex gestâ tutelâ debetur.

Pandectarum jure actio tutelæ perpetua erat, constitutione Theodosianâ, triginta annis, prescripta est.

De actione de rationibus distrahendis.

Hæc actio ex lege duodecim tabularum orta, dabatur pupillo, finitâ tutelâ, contra tutorem sed non contra heredes, quia pœnalis erat. Tutor hâc actione condemnatus, infamiâ notatus erat, et duplex quod distraxerat, restituebat. Hæc actio currebat cum actione, tutelæ, sed ita ut altera, alteram tollat.

De utili curationis causâ actione.

Ex curatione competebat adolescenti actio negotiorum gestorum, non directa sed utilis.

Rationes curæ administratæ ante impletum quintum et vicesimum annum, durante officio, posci jure non posse manifestum est. Eadem veniunt in hâc actione quæ in actione tutelæ supra vidimus.

Non tenetur autem curator de eo quod adolescens postquam veniam ætatis impetravit, ipse ex bonis suis æquissimè quod curator in res adulti impendet, deminuit indemnitatem hic sumere debet.

De contrariâ tutelæ et utili actione. Dig. lib. 27, t. 4.

Jure prætorio introducta est actio tutelæ contraria ut faciliùs tutores ad administrationem accederent, scientes pupillum quoque ex suâ gestione obligatum fore.

Hæc actio competit tutori quum impensas utiles, pupilli causâ fecit; et quidem hanc actionem dandam placet etsi tutelæ judicio non agatur; sed huic actioni locus est solùm modo finito administrationis tempore.

Perpetua est hæc actio; datur et heredi contra heredem cæterosque successores et omnibus quibus interest.

In hoc judicio venit præstandum quidquid tutor in personam, vel res aut negotia pupilli utiliter impendit, aut se obligavit.

Solvuntur tutori non solum æra aliena ex decreto magistratus, sed et quæ absque decreto bonâ fide facta sunt, et durante tutelâ, ante tutelam, vel postea.

Plane si forte tutor aliquid pecuniæ debuit fœnerare, aliquid ipse pro pupillo solvit, nec ipse usuras consequitur, nec pupillo præstabit.

De contrariâ utili curationis causâ actione.

Quidquid superius dictum est de tutore, de curatore, sive pupilli, vel adolescentis, vel furiosi, vel de curatore ventri dicimus.

De fidejussoribus et nominatoribus et heredibus tutorum et curatorum.
Dig. lib. 27, t. 7.

Ut suprà diximus, actio tutelæ, sicut et aliæ in personam, actiones, non tutoris, morte extinguitur, sed etiam competit contra illius heredes et successores legitimos, pro portione hereditariâ. Venire autem in hoc judicio ut quod penes tutorem fuit, non solùm pecuniam, sed usuras quoque, heres tutoris reddat, omnia quoque inventaria et tutelæ instrumenta exhibeat, ex quibus cognosci possit pupilli patrimonium. At adversus heredem in litem jus jurandum non admittitur, nisi de proprio dolo, vel si lis fuerit cum ipso tutore contestata.

Venit etiam in actione tutelæ in heredes tutoris, id quod tutor ex quâvis causâ pupillo debuit, vel quod dolo vel lata culpa peccavit.

Item de propriis factis circa ea quæ tutoris factis connexa sunt, heredes tenentur.

Sed non solum ex tutelâ tutores, et heredes tutorum, erga pupillos directè tenentur; quinetiam pupillis actio in subsidium datur finitâ tutelâ fidejussores tutorum ex stipulatu rem pupilli salvam fore, in id omme cujus nomine actione tutelæ teneretur tutor pro quo fidejusserunt. Eâdem etiam causâ nominatorum qui scilicet indicaverunt magistratui quam personam tutorem daret, postulaverunt quæ ut hæc persona tutor daretur. Postulare tutorem videtur, et qui per alium postulat : item nominare, et qui per alium hoc idem fecit.

DROIT FRANÇAIS.

C'était une nécessité pour la loi de ne pas abandonner sans direction la personne et les biens de l'enfant privé de ceux auxquels il doit le jour. Elle devait veiller sur lui jusqu'à ce qu'il fût en âge de se conduire et d'administrer son patrimoine. Celui auquel elle a délégué cette mission est le tuteur. Examinons les obligations imposées à ce mandataire si grave, qui remplace momentanément la paternité.

Obligations du tuteur.

Les obligations du tuteur consistent à donner des soins paternels à la personne du mineur, et à le représenter dans tous les actes civils : il doit administrer les biens du pupille en bon père de famille. Voyons d'abord les obligations relatives à la personne.

SECTION PREMIÈRE.

Obligations relatives à la personne.

La puissance du tuteur sur le pupille est plus restreinte que la puissance paternelle, elle se réduit à deux points principaux : prendre soin de la personne physique du pupille, et de sa personne morale, c'est-à-dire pourvoir à son entretien et lui donner une éducation conforme au rang qu'il doit un jour occuper dans la société.

Suivant l'art. 108 du Code civil, le mineur aura son domicile chez son tuteur, c'est-à-dire son domicile de droit, car la résidence peut en être indépendante; ainsi la mère qui refuserait la tutelle n'en conserverait pas moins seule l'éducation de ses enfants, en vertu des dispositions sur la puissance paternelle.

C'est au tuteur à pourvoir aux frais d'entretien et d'éducation du mineur, mais en se conformant aux instructions données par le conseil de famille sur le lieu dans lequel doit être élevé l'enfant, et sur l'éducation qu'il doit recevoir.

Les tuteurs même légitimes, c'est-à-dire les aïeuls, ne peuvent exercer ni requérir le droit de correction, sans l'autorisation du conseil de famille.

SECTION II.

Administration des biens du mineur.

Les actes composant l'administration des biens du mineur peuvent se ranger en trois classes : 1° Actes que le tuteur peut faire seul; 2° actes que le tuteur ne peut faire qu'avec l'autorisation du conseil de famille; 3° actes pour lesquels la loi exige, avec l'autorisation du conseil de famille, l'homologation du tribunal. En dernier lieu, nous indiquerons encore les actes juridiques interdits au tuteur.

§ I*er*.

Actes que le tuteur peut faire sans aucune autorisation.

Ce sont les actes de simple administration; ils ont la même force que s'ils avaient été faits par le mineur émancipé, ou par un majeur; mais le tuteur a dû agir en bon père de famille; il répond de la mauvaise gestion, est passible de dommages-intérêts pour les actes qui nuiraient au pupille.

Le premier devoir du tuteur est de faire constater les forces du patrimoine qu'il est chargé d'administrer. Il devra requérir l'apposition des scellés lorsque cette formalité n'aura pas été remplie; et dans le cas contraire, requérir leur levée dans les dix jours, et faire immédiatement procéder à l'inventaire des biens du mineur, en présence du subrogé tuteur. Cet inventaire sera la base du compte que le tuteur rendra à la fin de sa gestion; il ne peut être dispensé de le faire en aucune circonstance. L'omission d'un inventaire expose à des conséquences désastreuses ceux qui ont négligé de remplir cette obligation. S'agit-il du père ou de la mère, ils encourent la privation de l'usufruit légal. Les autres tuteurs pourraient être destitués comme suspects, et à l'époque de la reddition de compte, en cas de contestation sur la consistance de la fortune originaire du mineur, celui-ci ou ses héritiers pourraient être admis à l'établir par témoins et même par commune renommée.

Le notaire en recevant l'inventaire doit demander au tuteur s'il lui est dû quelque chose, et le tuteur ne peut plus réclamer la créance qu'il n'a point déclarée.

Après l'inventaire, dans le mois qui suivra sa clôture, le tuteur fera vendre en présence du subrogé tuteur, aux enchères, reçues par un officier public, tous les meubles corporels, à l'exception de ceux que le conseil de famille l'aurait autorisé à garder suivant les circonstances. Le code, par considération purement personnelle en faveur des père et mère tuteurs, a dérogé à cette disposition en leur permettant de conserver sans autorisation les meubles, tant que dure l'usufruit légal, après les avoir fait priser à leur juste valeur par expert assermenté.

Quant aux meubles incorporels, loin qu'il faille une autorisation pour les conserver, il faut pour les aliéner une autorisation spéciale du conseil de famille; on doit d'ailleurs observer certaines formalités, et entre autres, pour les rentes sur l'État et les actions de la Banque de France, suivre les dispositions prescrites par les lois du 24 mars 1806 et 15 septembre 1813.

Le tuteur peut passer des baux pour un temps qui n'excède pas neuf années et les renouveler, mais pas plus de trois années avant l'expiration du bail courant, s'il s'agit de biens ruraux, et plus de deux années avant la même époque s'il s'agit de maisons (1718 C. C.). Il n'est pas responsable de l'insolvabilité des fermiers ou des locataires survenue depuis l'entrée en jouissance.

Le tuteur exerce encore sans autorisation les actions possessoires interruptives de prescription, quoiqu'elles s'appliquent à des droits immobiliers.

Enfin il est maître de placer sous sa responsabilité personnelle tous les capitaux et revenus du mineur dont l'emploi n'a pas été ordonné par le conseil de famille.

En cas de contestation sur le règlement, c'est au tribunal à intervenir. Le tuteur qui n'a pas fait le placement de l'argent du mineur doit les intérêts à partir de six mois du jour où il a touché l'argent. Cependant nous pensons qu'il lui est permis de conserver quelques fonds en caisse pour subvenir aux besoins journaliers.

Si le tuteur est créancier du mineur, il devra se payer sa créance du jour où il aura dans ses mains somme suffisante, car dès ce jour les intérêts ne peuvent plus courir en sa faveur.

§. II.

Actes que le tuteur ne peut faire sans l'autorisation du conseil de famille.

Dans cette seconde catégorie sont compris des actes plus importants, des actes qui influent d'une manière sensible sur la fortune du pupille : aussi, a-t-on exigé pour leur validité une garantie plus forte.

D'abord le tuteur ne peut répudier une succession ou l'accepter seulement sous bénéfice d'inventaire qu'avec l'autorisation du conseil de famille. L'acceptation même sous bénéfice d'inventaire peut avoir des conséquences graves pour la fortune du mineur, dans le cas, par exemple, où ayant reçu des dons du défunt, il se trouverait obligé au rapport. Si la succession n'a pas été acceptée par d'autres, le mineur, devenu majeur, ou le tuteur qui l'a répudiée avec autorisation du conseil de famille, peut toujours la reprendre avec cette autorisation, sans préjudice des droits acquis légalement à des tiers durant la vacance. Par exemple, si le mineur reprenait la succession, quoiqu'en principe suivant l'article (2252) la prescription ne coure pas contre les mineurs, cependant la prescription aurait couru au profit des tiers pendant cette vacance.

Il en est de même des legs universels, ou à titre universel.

La loi soumet l'acceptation d'une donation aux mêmes formalités, à moins que le tuteur ne soit un ascendant.

L'autorisation est nécessaire au tuteur pour vendre et transférer les rentes sur l'État excédant 50 francs de revenu et les actions de la banque de France, ainsi que pour introduire une action relative aux droits immobiliers du mineur; mais il suit sans avoir besoin d'autorisation, une action intentée par l'auteur du mineur; il serait même responsable s'il négligeait les poursuites. Cette autorisation est encore nécessaire au subrogé tuteur pour passer bail avec le tuteur qui prend à ferme les biens du pupille.

Ce que nous venons de dire relativement aux droits immobiliers s'applique également aux partages de successions, sociétés, ou communautés composées de biens immobiliers, ou de meubles seulement.

§ III.

Actes pour lesquels la loi exige, avec l'autorisation du conseil de famille l'homologation du tribunal.

Dans cette troisième série sont compris les actes les plus importants, les actes qui, faits avec raison et à propos, peuvent être avantageux aux intérêts du pupille, mais qui, faits sans réflexion et mal à propos, pourraient anéantir ou diminuer considérablement la fortune du pupille. Aussi, indépendamment de la garantie exigée pour la seconde classe d'actes, l'autorisation du conseil de famille, le Code a-t-il prescrit l'homologation du tribunal, rendue sur les conclusions du ministère public. Les actes qui peuvent grever ou changer la nature du patrimoine du mineur sont les actes d'emprunts, d'aliénations, de création d'hypothèques. L'art. 457 C. C. les met sur la même ligne, à cause de la similitude de leurs résultats. Pour tous ces actes, l'autorisation est même indispensable aux père ou mère tuteurs, elle ne doit jamais être accordée qu'en cas de nécessité absolue, ou d'avantage évident constaté, et sur les réquisitions du ministère public.

La vente doit être faite de manière à rendre impossible toute fraude et attirer le plus grand nombre d'acheteurs. La publicité, la présence du subrogé tuteur, la réception des enchères publiques par un magistrat ou par un notaire commis par justice ; enfin l'apposition d'affiches ordonnées par les art. 459 C. C. et 955 C. P., telles sont les conditions imposées par le législateur. Cette multiplicité de formes a bien l'inconvénient de rendre les frais de vente plus onéreux pour le mineur, mais elle garantit la sincérité de la vente elle-même, et donne des chances pour obtenir un prix principal plus avantageux.

Quand la vente est forcée, l'autorisation du conseil de famille est inutile, mais il ne faut pas s'écarter des autres règles.

La justice doit encore intervenir dans le partage d'une succession échue à un mineur. Le tribunal nomme des experts, leur fait prêter serment avant de procéder à la division des héritages, et surveille la formation et le tirage des lots formés par les experts. La loi attache une sanction à ses dispositions à cet égard, en ne considérant que comme un partage provisionnel tout partage qui n'aurait pas été fait dans les formes prescrites. Nous pensons que le partage n'est pas provisionnel à l'égard du seul mineur ; mais que les autres copartageants pourront toujours provoquer un partage définitif.

Quant aux transactions qui supposent toujours des sacrifices réciproques, et par conséquent une aliénation de droits litigieux qui peuvent être fondés, le code n'a donné pouvoir au tuteur de faire ces sortes d'actes qu'avec l'autorisation du conseil de famille, et après l'avis de trois jurisconsultes désignés par le procureur du roi, l'audition du ministère public et l'homologation du tribunal.

Enfin les actes interdits expressément au tuteur sont : le compromis, même avec l'autorisation du conseil de famille, sur les intérêts du mineur, l'acquisition par lui-même ou personne interposée de toute créance litigieuse ou liquide contre le mineur; et cela, parce que le tuteur qui a en sa possession les papiers du pupille pourrait en supprimant les quittances faire revivre d'anciennes créances éteintes. La nullité de toute cession de créance est radicale en droit français comme en droit romain. Cependant le tuteur qui ne trouverait pas de fonds suffisants disponibles dans le patrimoine du pupille, agirait légalement s'il désintéressait de ses propres deniers, avec l'agrément du conseil de famille, les créanciers poursuivants. Nous pensons qu'il obtiendrait même la subrogation aux garanties des créances par lui soldées, et qu'elles devraient lui être remboursées avec les intérêts, stipulés entre lui et le conseil, pourvu qu'ils n'excédassent pas le taux de l'intérêt légal.

DE LA REDDITION DES COMPTES DE TUTELLE.

Dans les règles de l'équité et du droit, tout administrateur est comptable. La sollicitude de la loi au sujet des mineurs a établi des formes protectrices pour que la comptabilité du tuteur fût surveillée pendant la tutelle, et qu'elle fût apurée avec toutes garanties à sa fin.

Il y a deux espèces de comptes. Les comptes de tutelle qui sont rendus après la tutelle, et d'autres rendus pendant son cours. Ces derniers sont de véritables états de situation. On ne peut en exiger qu'un par an. Ils ont pour but d'éclairer le subrogé tuteur, et par suite le conseil de famille, sur la gestion du tuteur. Le législateur, par respect pour le père et la mère, et par des motifs tirés du zèle qu'ils portent ordinairement au bonheur et aux intérêts de leurs enfants, les a exceptés de cette obligation de fournir un compte annuel.

De ces deux espèces de comptes, les derniers sont les plus importants. Ils contiennent l'état détaillé des recettes et des dépenses que le tuteur a faites pendant sa gestion.

La loi protége le pupille même au delà de sa majorité, en déclarant nuls les traités relatifs aux faits de tutelle passés entre lui et son tuteur, s'ils n'ont été précédés de la reddition d'un compte détaillé, et de la remise des pièces justificatives, le tout constaté par un récipissé de l'oyant compte dix jours au moins avant le traité.

Cette disposition a pour but de donner le temps au mineur devenu majeur d'examiner ses affaires, et de vérifier la sincérité des pièces produites.

Par qui seront supportés les frais de reddition de compte? sera-ce par le tuteur, ou par le mineur? Il faut distinguer : si c'est le tuteur qui est forcé de rendre compte, soit, par exemple, en cas de destitution, les frais doivent être à sa charge, parce qu'il y a mauvaise administration et que le préjudice causé par les frais de compte ne doit retomber que sur celui qui en est la cause et non sur le mineur. Mais si c'est par la mort, l'émancipation ou la majorité du mineur, que la tutelle prend fin, comme alors c'est à cause du mineur et pour ses intérêts que le tuteur rend ses comptes, il ne serait pas juste de lui en faire supporter les frais. En général toutes les fois que le compte est rendu à raison d'un fait imputable au tuteur, les frais sont à sa charge : dans tous les autres cas, les frais sont à la charge du mineur.

Un compte est composé de trois chapitres : le chapitre des recettes, celui des dépenses et celui des sommes à recouvrer. Dans le premier on doit porter toutes les recettes produites par les revenus du mineur ; dans le second, toutes les dépenses en général appuyées de pièces justificatives, si cela se peut ; et dans le troisième, toutes les sommes dues au pupille qui n'ont point été recouvrées. On oblige le tuteur à faire un chapitre de reprise, parce que comme la loi le charge de gérer les affaires de son pupille en bon père de famille, et par conséquent lui a donné les moyens nécessaires pour qu'il puisse en remplir les fonctions, on veut s'assurer si les sommes qu'il y a portées comme n'ayant point été recouvrées, ne l'ont point été par son fait, c'est-à-dire s'il a négligé de faire les diligences nécessaires pour forcer les débiteurs au remboursement.

L'art. 527 du Code de procédure porte que toutes les contestations qui pourraient s'élever relativement à la reddition de compte seront vidées devant le juge du lieu où la tutelle a été déférée. Cet article est en faveur du mineur; car si, par exemple, il plaisait au tuteur de transporter son domicile à cinquante lieues de l'endroit où la tutelle a été ouverte, il faudrait donc l'y assigner. Cependant, comme cet article est en même temps facultatif et n'est point d'ordre public, je crois que si le mineur assignait son tuteur devant le juge du domicile du tuteur, celui-ci ne pourrait se refuser à être jugé par son propre juge.

Tant que le tuteur n'a point rendu son compte, il est toujours censé gérer la tutelle; ainsi, s'il s'était écoulé deux ans entre la reddition de compte et la majorité du mineur, il devrait les intérêts du reliquat de son compte du jour de la majorité du pupille, à moins qu'il ne prouvât que c'est par la faute de celui-ci que le compte n'a pu être rendu, auquel cas il ne les devrait que du jour de la reddition. Mais si la non reddition provient du fait du tuteur, il devrait les intérêts du reliquat à compter de la majorité.

La loi, pour que le tuteur ne restât pas indéfiniment exposé aux attaques dirigées par le mineur sur la reddition de compte, que ses biens ne fussent pas pendant une grande partie de sa vie frappés d'hypothèques, et qu'enfin il ne fût pas forcé de conserver des pièces justificatives, souvent embarrassantes et faciles à égarer, la loi a, par une disposition exceptionnelle, art. 475 C. C., restreint l'exercice de toute action du mineur contre son tuteur, relativement aux faits de tutelle, à la prescription de dix ans, à compter de sa majorité.

POSITIONS.

1° Le tuteur pourrait-il être dispensé de faire inventaire? Non.

2° La donation d'une rente sur l'état à un mineur peut-elle résulter d'un simple transfert? Non.

3° Ou bien exige-t-elle un acte de donation en forme, notarié, avec acceptation expresse? Oui.

4° Si le tuteur s'est porté cessionnaire d'une créance contre son pupille, pourrait-il au moins se faire rembourser le prix de sa cession? Non.

5° Le père ou la mère tuteur peut-il quelquefois être astreint à présenter les états de situation annuels? Oui.

6° Le tuteur peut-il vendre sans autorisation préalable une rente sur particuliers moindre de 50 francs de revenu? Non.

7° Toutes les dépenses du tuteur ont-elles besoin d'être justifiées par écrit? Non.

8° Le récépissé exigé par l'art. 172 (C. C.), doit-il avoir date certaine? Non.

9° L'action contraire de tutelle se prescrit-elle par dix ans? Non. arg. de 475.

10° Le conseil de famille peut-il fixer les dépenses du mineur au delà de ses revenus? Oui.

11° Le mineur peut-il dispenser son tuteur de lui rendre compte? Non.

www.ingramcontent.com/pod-product-compliance
Lightning Source LLC
Chambersburg PA
CBHW071426060426
42450CB00009BA/2036